AF468889

L'ALGÉRIE

ET SES

RELATIONS EXTÉRIEURES.

ALGER. — TYPOGRAPHIE BASTIDE

PLACE DU GOUVERNEMENT

L'ALGÉRIE

ET SES

RELATIONS EXTÉRIEURES

PAR

L'AUTEUR DU *Droit de Tonnage en Algérie.*

ALGER
BASTIDE, LIBRAIRE-ÉDITEUR
PARIS
CHALLAMEL, AINÉ, LIBRAIRE
30, RUE DES BOULANGERS

SEPTEMBRE 1860

L'ALGÉRIE

ET SES

RELATIONS EXTÉRIEURES.

CONSIDÉRATIONS GÉNÉRALES.

L'influence prédominante des moyens de transports intérieurs et extérieurs sur le développement d'un pays est aujourd'hui incontestée.

Ce fait reçoit une nouvelle consécration chaque fois qu'une colonie s'ouvre à la civilisation et au commerce.

La première condition pour le peuplement, indépendamment des voies de communications intérieures, est donc la création d'un système de navigation libre et capable de prendre une grande extension. C'est du contact multiplié et répété avec les pays voisins, que la colonie tire ses premiers éléments d'existence. Toute combinaison qui, sous le prétexte de réglementer les rapports ou d'en faire l'objet d'un revenu gouvernemental, créerait une entrave à la circulation, est pernicieuse et réagit d'une manière désastreuse sur l'avenir.

Après avoir provoqué l'immigration par la navigation libre, le devoir du législateur est d'assurer à la colonie naissante l'établissement dans les meilleures conditions possibles. Que l'importation des matériaux de construction et des objets de première nécessité soit exempte de droits quelconques, que l'exportation des produits du sol soit encouragée par des mesures libérales ; enfin, si la colonie comporte des industries spéciales, les marchés extérieurs doivent lui être réservés, par des rapports réciproquement avantageux et sagement réglés.

En résumé : accroissement de population par la navigation libre, extension et prospérité de colonisation et de commerce par la facilité d'importation et d'exportation, voilà des problèmes qui constituent les bases fondamentales de l'établissement d'une colonie.

RÉGIME ACTUEL.

Il s'agit ici de traiter les relations extérieures de l'Algérie, sous le rapport de la navigation seulement ; approfondir la question des rapports commerciaux de notre colonie avec l'étranger, eut été une étude autrement compliquée, que ne comporte pas le cadre de cette publication. Disons donc en deux mots ce qui a été fait en Algérie pour ses relations maritimes, pour la navigation, jusqu'à nos jours.

Au moment de la conquête et pendant plusieurs années qui suivirent la prise de possession de l'Algérie par la France, la navigation a été parfaitement libre. Le premier Arrêté administratif à citer est celui du 27 novembre 1834, lequel, en proclamant à la fois la souveraineté de la France sur la totalité du territoire anciennement soumis au Dey, défend sous peine de confiscation et d'amende, l'importation de marchandises françaises ou étrangères ailleurs que dans les ports occupés par l'autorité française.

Une année plus tard, l'ordonnance du 11 novembre 1835 vient jeter les bases d'un système complet de Douane et de Navigation.

La pavillon français jouit d'avantages spéciaux, et un droit de tonnage sera dorénavant payé par la marine étrangère. Dès ce moment la mère patrie réclame ses privilèges : le pavillon national, affranchi de toute charge dans les ports de l'Algérie, conserve exclusivement le bénéfice de la navigation entre la France et la colonie et entre ses différents ports. C'est une mesure qui découle du principe mis en pratique en France pour toutes ses colonies, et qui devait naturellement recevoir son application en Algérie. Ces dispositions s'expliquent donc parfaitement; mais il n'en est pas de même du droit de deux francs par tonne, décrété contre le pavillon étranger par l'ordonnance du 11 novembre 1835.

La quotité de ce droit a été portée à quatre francs par l'ordonnance du 16 décembre 1843, actuellement en vigueur. Des traités spéciaux maintiennent l'ancien taux aux pavillons Sarde, Portugais, Russe et Belge qui continuent à ne payer que deux francs par tonne.

L'ordonnance de 1835, en instituant un droit de tonnage, avait déjà compromis l'effet que la colonie devait tirer du système qui avait inauguré ses relations extérieures, mais l'ordonnance de 1843, qui double l'importance du droit, éloigne à jamais les avantages que le principe libéral devait nous apporter. N'est-on pas péniblement impressionné quand on compare la situation actuelle de notre commerce maritime avec ce qu'il a été, et ne se rappelle-t-on pas involontairement, à l'aspect du calme actuel, l'activité prodigieuse qui signala la période de la liberté. Consultez la statistique du peuplement, de la navigation, de notre commerce extérieur et vous reconnaîtrez facilement, par ses effets, chacun des régimes qui se sont succédés.

Quelques optimistes diront vainement que le droit de tonnage n'a rien de commun avec l'immigration, mais il suffit de considérer la question dans son ensemble pour comprendre l'influence des rapports extérieurs d'une colonie sur son peuplement. Les États-Unis et d'autres pays nouveaux sont là pour témoigner avec autorité dans le même sens.

Le régime de l'ordonnance de 1843, a mis l'Algérie dans un état d'isolement qui étonne tout esprit sérieux.

Notre navigation étrangère est réduite à sa plus simple expression. La colonie, un instant mise en contact avec l'Espagne, l'Italie et les pays du Nord, par le moyen d'une navigation active, affranchie de toute charge, a provoqué l'émigration qui lui a fourni largement son contingent; aujourd'hui l'état restreint des relations tend à annihiler dans ces pays la cause de l'Algérie.

J'ai dit plus haut que, pour encourager la colonisation il convenait d'assurer à l'immigration l'établissement à bon marché. L'ordonnance de 1843 ne permet pas de mettre en pratique cet axiôme, aussi simple que primitif. Nos bois de construction, que nous tirons du Nord et de l'Adriatique, sont grevés du droit de tonnage de quatre francs; il en est de même des fers qui nous viennent de Suède et de l'Angleterre.

L'industrie, qui également mérite d'être encouragée, n'est pas mieux traitée, car les navires étrangers qui nous apportent les houilles anglaises paient quatre francs de droit par tonne.

L'institution de cet impôt procure-t-elle au moins quelque avantage à la marine nationale? De ce côté, les prévisions du législateur ne se sont pas mieux réalisées, car la presque totalité de nos importations du Nord s'effectue sous pavillon étranger.

Ce qui nuit à l'importation, nuit également à l'exportation, avec cette différence que notre régime de navigation appliqué à l'exportation devient un véritable obstacle au progrès de la colonisation.

Y a-t-il quelque chose de plus décourageant pour le producteur, que de voir prélever sur le fruit de son travail un droit d'exportation. Le droit de tonnage exigé du pavillon étranger, n'est en effet pas autre chose qu'un impôt, qui frappe la production dans ses rapports avec l'étranger. — Comment, au lieu d'appeler les nations voisines sur nos marchés, nos ports refusent l'entrée de leurs navires? Je maintiens le mot, car, c'est presque un refus que de frapper la marine étrangère d'un droit de quatre francs par tonne.

La loi du 11 janvier 1852 semblait

corriger, au moins partiellement, la rigueur de l'ordonnance de 1843 ; mais en réalité ses dispositions n'ont jamais pu trouver d'application. Cette loi affranchit du droit de tonnage les navires du Nord, entrant chargés de bois, dans les ports de l'Algérie et emportant ensuite des produits du pays. Le double problème à résoudre était en effet difficile, car comment faire coïncider l'opportunité d'envois de bois avec celle d'exporter pour l'étranger les récoltes de l'Algérie.

Peut-être eût-on obtenu quelque résultat en ôtant à cette disposition son caractère absolu. Ainsi on eût pu affranchir du droit de tonnage tout navire étranger, chargé à l'importation et exportant tout ou partie de son tonnage en produits du pays; de cette manière l'exception eut été mise au moins en harmonie avec l'état actuel de nos marchés et de nos relations extérieures, mais aujourd'hui, après huit années de tentatives infructueuses, ce n'est plus d'une demie mesure qu'il s'agit, c'est une réforme radicale que la question réclame.

Indépendamment de l'avantage que la Colonie trouve dans l'admission libre dans nos ports des navires étrangers par la facilité que ceux-ci trouvent à emporter les productions du sol, il importe également de mentionner les conditions douanières favorables que nos produits rencontrent dans les pays étrangers, importés par les pavillons nationaux, quand il s'agit de les soumettre aux droits de consommation. Chaque nation favorise son pavillon lorsqu'il importe des marchandises de l'étranger, en diminuant, souvent dans une proportion notable, les droits de consommation. C'est un point qui mérite une considération sérieuse.

Faut-il à présent, pour achever la démonstration, procéder par des chiffres ? Le droit de tonnage est payé sur la totalité de la jauge, quel que soit le tonnage chargé par le navire. Un navire jaugeant 400 tonnes, qui exporte, je suppose, en faisant échelle dans un de nos ports, des produits jusqu'à concurrence du quart de sa jauge paiera fr. 1,600 de droit. C'est peut-être le bénéfice que l'opération pourrait rapporter. Posée dans ces termes, l'exportation devient tout bonnement impraticable; nos productions ne paraîtront pas sur les marchés étrangers.

En admettant le chargement entier du navire, l'opération reste toujours onéreuse, indépendamment de la difficulté de former toujours de pleins chargements, car pendant de longues années les proportions de la production de la colonie alimenteront plutôt des chargements partiels que des cargaisons complètes.

La loi du 11 janvier 1852, affranchit du droit de tonnage les navires étrangers arrivant en lest et chargeant la totalité de leur tonnage en produits du pays; autre disposition dont il n'est pas plus facile de profiter, car obliger un navire à venir dans nos possessions en lest, c'est lui imposer des conditions exceptionnelles, désavantageuses, qui renchérissent le frêt au point que l'étranger ne trouve plus convenance de s'approvisionner sur nos marchés.

J'arrive enfin à la navigation étrangère à vapeur, dont nous avons tant d'intérêt à attirer les navires. Nous n'avons aucune communication par vapeur, ni avec l'Espagne notre plus proche voisine, ni avec l'Italie et encore moins avec l'Angleterre et avec l'Orient. L'ordonnance de 1843, interdit toute navigation de ce genre dans les ports algériens. Il existe, à la vérité, une décision ministérielle du 13 mai 1832, qui régit en France cette matière et qui est également applicable à l'Algérie, aux termes de laquelle les bateaux à vapeur étrangers spécialement affectés au transport des voyageurs et de leurs bagages, sont imposés d'un droit de tonnage, décompté à raison d'une tonne par voyageur débarqué ou embarqué, mais à la condition que le navire ne fasse pas d'autre acte de commerce. On ne peut admettre que les vapeurs étrangers qui visiteront nos ports, soient exclusivement consacrés au transport de passagers, sans charger des marchandises. Ces vapeurs devront donc payer quatre francs de droit par tonne, et, comme leur tonnage est généralement considérable, le droit répond à une véritable prohibition.

Voilà ce qui explique notre isolement, voilà ce qui nous empêche de participer aux avantages du mouvement prodigieux de la Méditerranée (1).

(1) Extrait du *Droit de Tonnage en Algérie* par Timon, publié en mars 1860 :

« Nous avons tous applaudi, l'année passée, à l'apparition d'un vapeur espagnol, qui devait établir des relations périodiques et suivies entre la colonie, l'Espagne et les îles Baléares. Cette entreprise a dû cesser bientôt, non parce que les éléments de transport manquaient, mais parce que le tonnage l'écrasait. Oui, ce droit est écrasant, surtout pour de proches voisins. Le frêt est minime, parce que la distance est courte, cela se conçoit ; mais le moyen, pour l'armateur, de faire en-

RÉFORME.

Les ordonnances de 1835 et 1843 réservent exclusivement au pavillon français le cabotage entre la France et ses possessions algériennes. Loin de nous la pensée de demander le changement

trer dans le prix du frêt, calculé sur une petite distance, le droit fixe d'un tonnage, c'est une difficulté qui n'a pu être vaincue. Au début, les vapeurs espagnols apportaient peu de marchandises; mais, en revanche, ils nous enlevaient nos produits, ils nous laissaient leurs piastres, et, pour comble de l'incroyable, ce sont nos lois qui les chassent!

Voyez-vous passer fièrement au large de notre port, les superbes pyroscaphes de la Compagnie Orientale. Quelle excellente occasion de nous mettre en communication avec Malte et le Levant d'un côté; Gibraltar, Cadix de ces dispositions, qui reçoivent leur exécution depuis vingt-cinq années. La seule réforme sur laquelle nous insistons, consiste dans l'abolition du droit de tonnage imposé à la marine étrangère. Ce droit, ainsi que nous venons de le démontrer, frappe d'un impôt

et l'Angleterre de l'autre. Rien de plus simple. Vous voyez d'avance s'établir avec l'Angleterre de nouvelles opérations commerciales que nous fait pressentir le récent traité de commerce, et Alger, dont les grands projets de construction préparent aux touristes une réception qui dépassera celles qu'ils rencontrent en Europe, Alger fonde tout son espoir sur ce grand mouvement que produisent les moyens multipliés de transport et de circulation. Quel est donc le motif pour lequel des choses, en apparence aussi simples, ne se réalisent pas ? C'est le droit de tonnage.

les matières premières que nous importons, empêche l'exportation de nos productions pour l'étranger, et pèse d'un tel poids sur nos relations étrangères, que celles qui avaient existé autrefois, se sont presque éteintes et que d'autres, que l'on pourrait créer

Ai-je besoin de produire à ce propos un calcul analogue à celui qui vient d'être fait.

Voici un vapeur qui touche à notre port; ce navire ne jauge que 900 tonneaux; il est trois fois moins grand que les bateaux de la Compagnie Orientale ; enfin, il arrive. Il voudrait débarquer quelques passagers et embarquer quelques colis de notre industrie algérienne, de plus une centaine de paniers de primeurs et de fruits. La valeur de toutes les marchandises à embarquer est supposée s'élever à cinq mille francs. Devinez combien coûterait au navire étranger ce modeste acte de commerce?

ne peuvent se réaliser ; enfin, notre régime de navigation actuel s'élève à la fois contre l'immigration, contre la colonisation, contre notre commerce et contre une amélioration générale qu'il s'agit de provoquer aujourd'hui, sous peine de voir tomber notre pays à néant.

3,600 francs, c'est-à-dire le droit de 900 tonneaux à 4 francs chaque. Cela n'est-il pas monstrueux, ou, plutôt, c'est tout bonnement dérisoire. »

Je demande humblement pardon au lecteur de lui soumettre de nouveau ce simple calcul, mais je crois devoir le reproduire dans l'intérêt de la cause, car lors de l'apparition du petit opuscule sur le Droit de Tonnage, quelques bons esprits avaient émis la pensée que notre régime pourrait être suffisamment amélioré par une réduction du droit de tonnage. Les chiffres qui précèdent ne laisseront

La création du ministère de l'Algérie a ouvert une ère nouvelle à la Colonie.

En effet, depuis ce temps ses institutions douanières se sont identifiées davantage avec le régime de la Métropole, et récemment, à l'occasion du traité de commerce conclu avec l'Angleterre, l'Algérie a été appelée à jouir dans la même proportion que la France des stipulations de ce traité. L'assimilation, pour être logique, exigerait au moins l'application à notre colonie des lois qui régissent la navigation étrangère dans la Métropole.

plus le moindre doute sur la nécessité d'un affranchissement complet.

(Note de l'Auteur.)

Examinons quelle serait dans ce cas la situation de l'Algérie.

On peut classer en quatre groupes les conditions que les différents traités et lois ont faites à la navigation européenne dans les ports de France.

Le premier est celui de la franchise absolue et de l'assimilation au pavillon national.

L'Espagne est la seule nation qui jouisse de la franchise entière et de l'assimilation au pavillon national dans les ports français, en exécution des stipulations du Traité du 15 août 1761. L'unique cas où les navires espagnols paient un droit de fr. 1 par tonne c'est quand ils viennent des possessions britanniques en Europe. (Loi du 2 juillet 1836).

Les nations dont les prérogatives maritimes se rapprochent le plus de l'Espagne sont les Pays-Bas (Traité du 25 juillet 1840), la Russie (Traité du 14 juin 1857), les Deux-Siciles (Traité du 12 mai 1837) et la Sardaigne (Traité du 5 novembre 1850), dont les navires sont exempts de droits quand ils viennent des ports nationaux directement en France. Ces mêmes navires paient 3 fr. 75 cent. par tonne quand ils viennent d'autres pays, à l'exception des possessions britanniques ; dans ce dernier cas le droit de tonnage est réduit à 1 fr.

Le troisième groupe est formé par l'Angleterre (Traité du 26 janvier 1826), le Portugal (Traité du 9 mars 1853) et la Belgique (Traité du 17 novembre 1849).

Les navires anglais, dans leur intercourse directe, paient fr. 1 par tonne ; de même ceux du Portugal, et les navires belges fr. 2, 20 par tonne. Dans tous les autres cas ces navires supportent un droit de tonnage de fr. 3, 75 cent.

Enfin, le dernier groupe est formé par les nations qui n'ont pas de traité de navigation avec la France, telles que l'Autriche, la Suède, la Norvége, etc., etc., dont les navires paient le droit de fr. 3, 75 cent., décrété par les lois du 27 vendémiaire an II, du 14 floréal de l'an X de la République.

Il est facile de se rendre compte des modifications qu'amènerait l'assimilation de l'Algérie à la France pour les droits de navigation. Nos ports seraient complètement ouverts à l'Espagne, aux Deux-Siciles, à la Russie, à la Sardaigne et aux Pays-Bas, et, l'Angleterre ne paierait plus que 1 franc par tonne pour ses importations. Cette situation qui serait déjà un véritable progrès nous priverait encore de l'importation franche des bois que nous envoient la Suède et l'Autriche, dont les navires seraient imposés du droit de fr. 3, 75. Nos intérêts sous ce rapport, ne sont pas identiques avec la France, notre position exige une exception.

D'un autre côté, la France n'admet en franchise ou à droit réduit les navires étrangers que dans le cas de l'intercourse directe, tandis que nos importations et exportations réclament une franchise générale, absolue, de quelque côté que viennent les navires. Un fait remarquable à citer à cette occasion, c'est que le gouvernement des Deux-Siciles, qui ne doit la franchise de ses ports aux navires français que dans l'intercourse directe, les reçoit en franchise, même quand ils viennent de l'Algérie.

C'est un procédé qui engage.

Je crois avoir suffisamment démontré que la marine nationale n'a rien à redouter des réformes qui nous occupent. Que l'on ne s'arrête non plus à cette considération gouvernementale de l'inopportunité d'octroyer à la navigation étrangère un avantage sans en recevoir un autre en échange ; l'avantage est ici tout du côté de l'Algérie. Du reste ne devons-nous donc rien à l'Espagne, aux Deux-Siciles, à l'Italie, qui envoient leurs enfants coloniser notre sol, ne devons-nous rien à l'Angleterre, qui par les sujets de ses possessions Méditerranéennes contribue au peuplement de la colonie, à l'Angleterre enfin, qui vient aujourd'hui verser ses capitaux sur la terre algérienne.

Tous ces titres ne sont-ils pas suffisants pour justifier une réforme. Pourquoi enfin, laisser se perpétuer cette situation singulière qui réduit le droit de tonnage en faveur de quelques nations, tandis que d'autres, qui jouissent de grandes prérogatives en France, sont soumises au double droit. Au surplus, aux situations exceptionnelles il faut des mesures exceptionnelles !

Marseille, sous la Restauration, a obtenu un régime spécial pour la navigation étrangère, par l'ordonnance du 10 septembre 1817, qui exempte du droit de tonnage, tout navire étranger entrant dans le port. L'expérience a démontré le merveilleux développement enfanté par cette mesure ; pourquoi les besoins de l'Algérie ne seraient-ils pas aussi légitimes et ne devraient-ils pas être satisfaits d'une manière analogue?

TIMON.

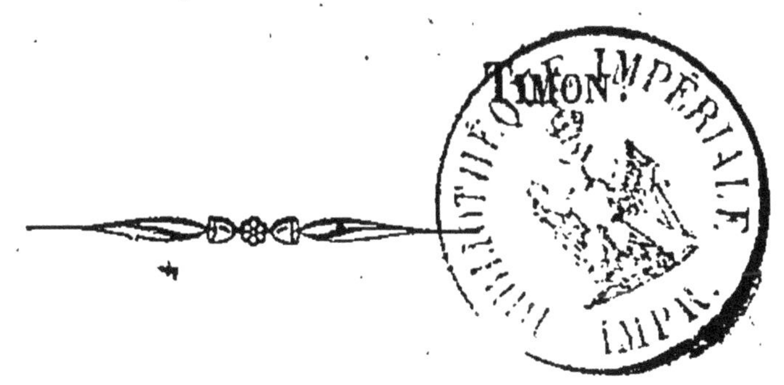

www.ingramcontent.com/pod-product-compliance
Ingram Content Group UK Ltd.
Pitfield, Milton Keynes, MK11 3LW, UK
UKHW020222200726
13856UKWH00004B/1549

9 782012 983991